indirecta, que se incurra como resultado del uso de la información contenida en este documento, incluyendo, pero no limitado a, — errores, omisiones o inexactitudes.

POSTRES VEGANOS CRUDOS

Una Guía Completa para Principiantes de Recetas Vegetarianas Rápidas y Fáciles para Hacer Pasteles, Tortas, Galletas, Pudines, Dulces y Más

SUSY RYES SUSY RYES

TABLA DE CONTENIDOS

1.CAPUCHINO CUPCAKES ....
98..
9

2.LECHE DE...
12ALMENDRAS 11..
12

3.JARABE SIMPLE..
00...
0

4.DATE JARABE..
11..
1

5.LA MEJOR MANTEQUILLA DE NUECES ....
22..
2

6.VINAGRE DE SIDRA DE MANZANA................................
33..
3

7.CHOCOLATE CHIP PAN DE CALABAZA ....
76..
7

8.PAN DE PASAS CANELA ....
98..
9

9.CREMA DE MANTEQUILLA GLASEADO.........................
1211 ....
12

10.ESPONJOSO GLASEADO ESTILO PANADERÍA ....
1312..
13

11.GLASEADO DE QUESO CREMA ....
1514..
15

12.ESPONJOSO GLASEADO DE CHOCOLATE....................
1615..
16

13.GLASEADO DE CHOCOLATE ALEMÁN..........................
1716..
17

14.GLASEADO DE CARAMELO ....
1817..
18

15.MOCHA-FLUFF GLASEADO...
1918..
19

16.VAINILLA GLASEADO...
2120..
21

17.GLASEADO DE CHOCOLATE...
2321..
23

18.CLASSIC   GALLETAS   CON   CHISPAS   DE
CHOCOLATE ....
2522..
25

19.GALLETAS RAISIN DE AVENA..
2825..
28

20.PRETENCIOSAMENTE PERFECTAS GALLETAS DE
MANTEQUILLA DE MANÍ ....
3128..
31

21.SNICKERDOODLES..
    3330...
    33

22.TRAIL MIX GALLETAS...
    3633...
    36

23.SÚPER SUAVE CHOCOLATE CHIP GALLETAS DE CALABAZA..
    4037...
    40

24.GARAM MASALA COOKIES..
    4239...
    42

25.BARRAS DE ARÁNDANOS..
    4542...
    45

26.MANTEQUILLA DE MANÍ ARCE CRUJIENTE GOLOSINAS..
    4845...
    48

GALLETAS CRACKER 27.TOFFEE..
    5047...
    50

28.STRAWBERRY PIE..
    5350...
    53

29.CHERRY PIE...
    5552...
    55

30.ANY BERRY PIE...
    5955...
    59

31.TARTE TATIN...
6157..
61

HELADO DE CHOCOLATE 32.MINT.......................................
6560..
65

HELADO DE FRIJOL NEGRO 33.BLACK................................
6661..
66

34.PARCHE DE CALABAZA HELADO.....................................
6762..
67

35.CHOCOLATE EARL GRIS HELADO...................................
6964..
69

36.HELADO DE TARTA DE QUESO BLACKBERRY ....
7367..
73

37.BUTTERSCOTCH BUDÍN POPS...
7569..
75

38.SÁNDWICHES CLÁSICOS DE HELADO...........................
7871..
78

1. CUPCAKES CAPUCHINOS

Deja que estos cupcakes te transporten a tu cafetería favorita con notas de espresso oscuro profundo. El tierno pastel húmedo es un complemento perfecto para la cobertura recomendada del glaseado Mocha Fluff más ligero-que-aire.

1 taza de harina de frijol/garbanzo

1/2 taza de harina de arroz blanco

1/3 taza de almidón de patata

1/4 de taza de harina de tapioca

11/2 cucharaditas de polvo de hornear

1 cucharadita de sal

1 cucharadita de goma xanthan

1/2 taza de azúcar morena

2/3 taza de azúcar

1/3 taza de aceite de oliva

3 cucharaditas de espresso instantáneo en polvo

11/2 tazas de agua

1 cucharada de   vinagre de manzana

- Precaliente el horno a 350°F y forre 12 latas de muffins con revestimientos de papel, o rocíe ligeramente con aceite.

- En un tazóngrande, mezcle   el frijol, la harinade arroz blanco, el almidónde patata, la harinade tapioca, el polvode hornear, lasal, la goma de xanthan y los azúcares. Hacer un pozo en el centro de la mezcla de harina y añadir en el aceite de oliva, espresso en polvo,agua, y vinagre. Revuelva para mezclar bien hasta que la masa   esté   suave. Llene   las tazas alrededor de dos tercios llenos. Hornee durante 25 a 30 minutos, o hasta que el cuchillo insertado en el centro de uno de los cupcakes salga limpio. Deje que los cupcakes se enfríen completamente en un estante antes de glasear. Conservar cubierto hasta 2 días.

* Top con Mocha-Esponjoso Glaseado.

2. LECHE DE ALMENDRAs

RENDIMIENTO: 6 TAZAS

Hay un montón de leches no lácteas paraelegir, pero la leche de almendras es fácil de hacer. Si bien hay muchas opciones empaquetadas disponibles, es muy fácil de hacer usted mismo, y la ventaja es que no hay aditivos ni ingredientes adicionales, además de que el sabor es mucho más rico que el comprado en la tienda.

2 tazas de almendras crudas

6 tazas de agua

- Mezcle las almendras y el agua en una licuadora de alta velocidad durante unos 7 minutos, o hasta que estén bien mezclados en un líquido grueso. Colar a través de una tela de queso. Se mantendrá en la nevera durante 3 a 5 días.

Puede desechar la pulpa de almendras o usarla para un reemplazo de harina o una solución proteica en los batidosde la mañana. Para el reemplazo de harina : Precaliente el horno a 375°F. Esparce una capa uniforme y delgada de pulpa de almendras en una hoja de galletas sin desengrasar y hornea durante 10 a 12 minutos, o hasta que esté ligeramente tostada. Para secar con un deshidratador, extienda lapulpa sobre una hoja deshidratante en una capa fina uniforme y deshidrate a 130 °F, durante 5 horas, o hasta que esté completamente seca.

3. JARABE SIMPLE

Puede ser sólo azúcar y agua, pero mantener un frasco de jarabe simple alrededor hará que los cócteles sin esfuerzo, mocktails,bebidas de café, y más! Esto dura indefinidamente si se almacena en la nevera. Si comienza a cristalizarse, simplemente caliente de nuevo sobre la estufa hasta que una vez más se disuelva.

1 taza de azúcar

1/2 taza de agua

- A fuego medio en una cacerola pequeña, calienta los ingredientes hasta que el azúcar se haya disuelto por completo y la mezcla pasa de turbia a mayormente clara. Retirar del fuego antes de que llegue a ebullición. Deje enfriar por completo. Utilí con el que sea necesario en recetas que requieran jarabe simple. Conservar en un recipiente hermético en el refrigerador durante un tiempo de hasta 4 semanas.

4. JARABE DE FECHA

:

Esto hace un fantástico edulcorante refinado sin azúcar que se puede utilizar en lugar de azúcar o agave en muchas recetas. Mantenga un frasco de esto alrededor para añadir a batidos o yogur no lácteos en las mañanas.

20 fechas de Medjool

Agua para remojar

- Coloque las fechas en un tazón mediano. Cubra con agua y cubra con un plato de ensalada. Deje remojar durante 8 horas, escurrir y reemplazar el agua, y luego deje que las fechas empapen de 4 a 6 horas adicionales.

- Escurrir las fechas por completo y luego eliminar las semillas y la parte superior de las fechas. Colóquelo en una licuadora junto con 11/3 tazas de agua y mezcle hasta que quede extremadamente suave, raspando los lados a

1

menudo.

- Conservar en un recipiente hermético en el refrigerador durante un mes.

5. LA MEJOR MANTEQUILLA DE NUECES

Los cacahuetes son la estrella del espectáculo a continuación, pero este método funciona bien con otros frutos secos asados, que es útil con una alergia al maní. Pruebe almendras tostadas o crudas, anacardoso semillas de girasol en su lugar. A pesar de que las mantequillas de nueces están ampliamente disponibles en casi todas las tiendas de comestibles en los Estados Unidos, creo que casero es mucho más sabroso,y it's mucho más barato. ¡Y es fácil! Tan fácil, de hecho, que usted puede preguntarse por qué no lo había probado antes.

3 tazas de cacahuetes asados secos, sin sal (o nueces o semillas de su elección)

1 cucharadita de sal, o al gusto

1 cucharadita de extracto de vainilla

- Coloque los cacahuetes en un procesador de alimentos y mezcle hasta que estén muy suaves, aproximadamente 7 minutos, raspando los lados del tazón según sea necesario. Añadir el extracto de sal y vainilla y mezclar bien. Conservar en un recipiente hermético durante un tiempo de hasta 3 meses.

6. VINAGRE DE SIDRA DE MANZANA

RENDIMIENTO: 2 GALONES

Vinagre de manzana es una de esas cosas que es mucho mejor casero y se puede hacer mucho más barato en casa que la tienda-comprado. Todo lo que se necesita es algunas manzanas y mucha paciencia (como 2 meses), pero el resultado final vale la pena la espera. Y, no tengas miedo de la gelatinosa "madre" o de las "levaduras" que flotan en el tarro... eso es lo que hace que el vinagre bueno! Necesitarás un frasco de vidrio de 2 galones o un recipiente con una bocaancha, así como un pedazo de tela de queso, aproximadamente 16×16 pulgadas, y una banda de goma.

10 manzanas, picadas aproximadamente en trozos grandes: semillas, tallosy todo

1/4 de taza de azúcar

Agua

- Coloque las manzanas en el frasco grande, empujando suavemente hacia abajo con un cucharón para empacar las manzanas. También puede utilizar un platillo limpio o un plato pequeño para pesar las manzanas dentro del recipiente. A continuación, agregue el azúcar y luego cubra las manzanas con agua para que estén completamente sumergidas. Cubra con la tela de queso y luego asegure con una banda de goma. Esto mantiene a las criaturas fuera, pero todavía permite que el aire ayude al proceso a lo largo. Coloque el frasco cuidadosamente en un lugar fresco y oscuro durante 1 semana.

- Colar las manzanas del vinagre y reemplazar la tela de queso. En este punto puede transferirlo a un contenedor diferente, o varios. Sólo asegúrese de que los contenedores están totalmente limpios. Tapa de nuevo con tela de queso y banda de goma y colóquelo de nuevo en un lugar fresco y oscuro durante 6 a 8 semanas más. ¡Y eso es todo! Usted tiene el mejor dinero de vinagre atrevido doesn't tiene que comprar. Usted puede embotellarlo y almacenar como lo haría cualquier botella de vinagre. Conservar en un recipiente hermético durante 6 meses a 1 año y más allá.

Para esterilizar los recipientes, un buen lavado con agua jabonosa muy caliente, un enjuague caliente, y preferiblemente una carrera a través del lavavajillas-completo con cicloseco- funciona perfectamente.

7. PAN DE CALABAZA CON CHISPAS DE CHOCOLATE

Un giro divertido en un viejo favorito, chips de chocolate añaden un toque extra de dulzura a este pan de calabaza húmedo. Para una deliciaextra indulgente, úsalo como base de pan para la receta de Budín de Pan.

2 cucharadas de harina de linaza

4 cucharadas de agua

1/2 taza de margarina no láctea

11/2 tazas de azúcar

1 taza de puré de calabaza enlatado

3/4 de taza de harina de sorgo

1/3 taza de harina de trigo sarraceno

1/3 taza de almidón de patata

1/4 de taza de harina de arroz blanco dulce

1 cucharadita de goma xanthan

1/2 cucharada de polvo de hornear

3/4 cucharadita de bicarbonato de sodio

1/8 cucharadita de sal

1 taza de chips de chocolate no lácteos

- Precaliente el horno a 350°F. En un tazónpequeño, combine la comida de linaza y el agua y deje reposar durante 5 minutos, hasta que se gelifica. Engrase ligeramente y (sorgo) la harina de una sartén de vidrio de tamaño estándar.

- En un tazóngrande, crema la margarina con el azúcar y luego incorporar la calabaza. Agregue la comidade linaza preparada.

- En un tazón más pequeño separado, mezcle la harina de sorgo, la harinade trigo sarraceno, el almidónde patata, la harinade arroz dulce, la goma xantana, el polvo de hornear, el bicarbonato de sodio y la sal.

- Incorporar gradualmente la mezcla de harina en la mezcla de calabaza y luego mezclar bien hasta que se forme una masa gruesa. Doble los chips de chocolate y esparce en la   sartén preparada.

- Hornee en horno precalentado durante 70 a 75 minutos, o hasta que un cuchillo insertado en el centro salga limpio. Conservar cubierto en recipiente hermético durante un tiempo de hasta 2 días.

8. PAN DE PASAS DE CANELA

Este pan fragante es una hermosa adición a una fiesta de té, con canela dulce y pasas regordetas   salpicadas por todas partes. Este pan es excepcionalmente bueno tostado y adornado con mermelada de chíade frambuesa.

1 cucharada de levadura seca activa

1/4 de taza de azúcar

11/2 tazas de agua tibia, aproximadamente 105°F

3 cucharadas de aceite de coco

11/4 tazas de harina de trigo sarraceno

3/4 de taza de harina de sorgo

2 cucharaditas de canela

1 taza de almidón de patata

1/2 taza de harina de tapioca

2 cucharaditas de goma xanthan

1 cucharadita de sal

11/2 tazas de pasas

1/4 de taza de azúcar turbinado

- Precalentar el horno a 450°F. Engrase una sartén de tamaño estándar con aceite de oliva.

- En un tazóngrande, combine la levadura con el azúcar y el agua; prueba hasta que espumoso, durante unos 5 minutos. Agregue el aceite de coco.

- En un tazónseparado, mezcle la harinade trigo sarraceno, la harina de sorgo, la canela, el almidón depatata, la harinadetapioca, la goma xantana y la sal. Mezcle los ingredientes secos con los ingredientes húmedos y revuelva hasta que se mezclen. Doble las pasas.

- Acaricia la masa uniformemente en la sartén engrasada. Cubra ligeramente con una toalla de cocina y deje reposar en un lugar cálido durante 1 hora. Espolvorea la parte superior del pan con el azúcar turbinado. Hornee el pan durante 15 minutos, luego reduzca el fuego a 375°F y hornee durante 30 a 35 minutos adicionales, o hasta que el pan suene hueco cuando se toque.

- Deje enfriar durante 15 minutos y luego retírelo de la sartén. Deje enfriar por completo antes de cortar con un cuchillo dentado. Conservar cubierto en recipiente hermético durante un tiempo de hasta 2 días.

9. GLASEADO DE CREMA DE MANTEQUILLA

RENDIMIENTO: 4 TAZAS

Un estándar en el arsenalde cualquier amante del postre, esta receta funciona excepcionalmente bien con margarina o aceite de coco. Si opta por este último, agregue una pizca de sal y mantenga ligeramente refrigerado.

6 cucharadas de margarina no láctea o aceite de coco (frío)

6 tazas de azúcar de confiteros

2 a 3 cucharaditas de extracto de vainilla

6 cucharadas de leche no láctea

2 cucharadas adicionales suavizadas con margarina no láctea o aceite de coco

- Crema juntos las 6 cucharadas de margarina y aproximadamente 1/2 taza de azúcar del pastelero. Añadir gradualmente   otros ingredientes, excepto la margarina ablandada. Una vez que todos los demás ingredientes se han combinado y son bastante suaves, añadir en margarina suavizada.

- Mezcle a muy alta velocidad, usando un accesorio de batidor, batiendo hasta que esté esponjoso.

- Úsalo inmediatamente en la torta o enfríe en la nevera para su uso posterior. Si está refrigerado,asegúresede que se ablande ligeramente estableciendo la guinda a temperatura ambiente hasta que se ablande lo suficiente como para extenderse fácilmente sobre la torta. Si encuentras   la guinda demasiado gruesa, añade un toque más de leche nondairy a delgada. Conservar en recipiente hermético en nevera durante un tiempo de hasta 2 semanas.

10. GLASEADO ESPONJOSO ESTILO PANADERÍA

Usa este glaseado clásico para llenar pasteles whoopie, cupcakes y más. Este glaseado se puede hacer fácilmente hasta 1 semana antes de tiempo y se almacena en el refrigerador antes de usar. Asegúrese de descongelar a temperatura ambiente antes de usar.

2 tazas de azúcar de confiteros

1 taza de acortamiento no hidrogenado

1/4 de taza de margarina no láctea

- Batir los ingredientes en un tazón de mezcla eléctrica, o a mano, hasta que estén esponjosos. Almacene refrigerado y deje calentar ligeramente a temperatura ambiente antes de canalizar o extenderse a pasteles o galletas. Conservar en recipiente hermético en nevera durante un tiempo de hasta 1 semana.

11. GLASEADO DE QUESO CREMA

Una receta infalible con un toque ácido. Siéntase libre de sub en 1 taza de crema de anacardo dulce + 1 cucharadita de jugo de limón en lugar del queso crema vegano. Para hacer una glaseada llovizna en lugar de un glaseado esponjoso, simplemente delgado con 2 a 3 cucharadas de leche nondairy y 1 cucharadita de agave o jarabe de maíz.

8 onzas de queso crema nondairy

2 tazas de azúcar de confiteros

- Haga la guinda mezclando los ingredientes vigorosamente a mano, o usando una batidora eléctrica, hasta que estén esponjosos. Enfríe antes de usar. Conservar en recipiente hermético en nevera durante un tiempo de hasta 1 semana.

15

12. GLASEADO DE CHOCOLATE ESPONJOSO

Mejor que las cosas de una lata, pero igual de adictivo. Cubre tus cupcakes favoritos o úsalo como relleno entre galletas, como las Obleas vainilla.

2/3 taza de cacao en polvo

1/3 taza de acortamiento no hidrogenado

1/4 de taza de margarina no láctea suavizada

1/4 de taza de leche no láctea

21/2 tazas de azúcar de confitero

- En un tazón grande de mezcla equipado con un accesorio de batidor, combine el cacao en polvo, acortandoy margarina hasta que quede suave. Añadir gradualmente la leche no láctea y los confiteros azúcar y luego batir a alta velocidad hasta esponjoso, raspando por los lados según sea necesario. Hace suficiente para un pastel de hojas; doble receta si se hace para un pastel de capa. Conservar en recipiente hermético en nevera durante un tiempo de hasta 2 semanas.

13. GLASEADO DE CHOCOLATE ALEMÁN

RENDIMIENTO: SUPERA 1 PASTEL DE CHOCOLATE ALEMÁN

Esta glaseado de coco dulce hace un topper apropos para pastelde chocolate alemán, pero es igual de delicioso en otras aplicaciones, así! Pruébalo encima de una gran cucharada de Vanilla Soft Serve.

1/2 taza de agave

3/4 de taza de azúcar en polvo

2 cucharadas de leche no láctea

1 taza de pacanas, finamente picadas

2 cucharadas de aceite de   coco, suavizado

2 tazas de coco rallado endulzado

- En un tazónmediano, mezcle   el agave, el azúcar en polvo y la leche nondairy   hasta que quede suave. Añadir el resto de los ingredientes y mezclar bien. Extender en pasteles mientras   todavía están calientes,o pipa en cupcakes usando una bolsa sin propina. Conservar en recipiente hermético en nevera durante un tiempo de hasta 2 semanas.

14.   GLASEADO   DE CARAMELO

Este glaseado rico y aterciopelado recuerda a caramelos dulces y salados, sin necesidad de esclavizar sobre la estufa.   A pesar de que este glaseado va impresionantemente con los cupcakes de caramelo bourbon recomendados, esto también sabe fantástico en pastel de chocolate. Para disfrutar de un regalo exagerado, pruébalo en la parte superior de mi Ultimate Fudgy Brownies,y espolvoreado con pacanas tostadas.

2 tazas de azúcar de confiteros

1/2 cucharadita de extracto de vainilla

1 cucharada de melaza

1/4 de taza de leche no láctea

1/8 cucharadita de sal

1 cucharada de margarina no láctea

- Combine todos los ingredientes, en el orden dado, en un pequeño tazón de mezcla eléctrica y mezcle a alta velocidad hasta que quede suave y pegajoso. Esparce generosamente en la parte superior de los cupcakes enfriados o pastel de capas. Conservar en recipiente hermético en nevera durante un tiempo de hasta 2 semanas.

15. GLASEADO MOCHA-FLUFF

Este glaseado se utiliza mejor justo después de prepararse, ya que a medida que se enfría, se endurece en un fantástico ligero y aireado, caramelo -como cobertura- como cobertura.

1 taza de malvaviscos veganos, como Dandies

1 cucharada de margarina no láctea

2 cucharaditas de espresso instantáneo en polvo

2 tazas de azúcar de confiteros

1 cucharada de leche no láctea

- En una cacerolapequeña, calienta los malvaviscos, la margarina y el espresso en polvo a fuego medio-bajo hasta que los malvaviscos y la margarina se hayan derretido. Revuelva constantemente y luego transfiera inmediatamente a un tazón de mezcla equipado con un accesorio de batidor. Mezcle en bajo a medida que agregue el azúcar y la leche nondairy y luego aumente la velocidad a alta y batir sólo hasta que sea esponjoso.   Transfiéralo rápidamente a una bolsa de tuberías equipada con una gran punta redonda y pipa en cupcakes.

Puedes duplicar el lote de esta receta y hacer una confitería   como un merengue vegano. Simplemente entuba el pergamino o el papel encerado y deja que el aire se seque durante unas 6 horas.

16.   GLASEADO DE VAINILLA

RENDIMIENTO: 1 TAZA

Particularmente agradable para el acristalamiento de lamitad de una galleta en blanco y negro, este glaseado también funciona bien para pasteles,   blondies,y casi cualquier regalo que se te   ocurra.

1 taza de azúcar de confiteros

1 cucharada + 1 a 2 cucharaditas de leche no láctea

11/2 cucharaditas de jarabe de maíz ligero

1/8 cucharadita de extracto de vainilla Sal dash

- En un tazónpequeño, batir todos los ingredientes juntos
  hasta que estén muy suaves, asegurándose de que no
  queden grumos. Utilí con el inmediatamente después
  de hacer y deje establecer durante al menos 1 hora
  antes de manipular.

17. GLASEADO DE CHOCOLATE

Este glaseado súper fácil sabe igual que la guinda de los populares pasteles de chocolate y hace un glaseado alternativo perfecto para Petits Fours.

1/3 taza de monedas o patatas fritas de chocolate no lácteos derretidas

1 cucharadita de aceite de coco

1/3 taza de azúcar de confiteros

1 cucharadita de jarabe de maíz

1 cucharada de leche no láctea

- En un tazónpequeño, mezcle el chocolate y el aceite de coco hasta que quedesuave. Añadir gradualmente el azúcar de la confitería, jarabede maíz, y leche nondairy, revolviendo continuamente para mezclar.

Revuelva vigorosamente hasta que quede muy suave. Utilí con el fin de rematas y pasteles. Deje configurar durante 2 horas antes de manipular.

18. GALLETAS CLÁSICAS CON CHISPAS DE CHOCOLATE

RENDIMIENTO: 24 GALLETAS

Crujientes, masticablesy crujientes, estas astilladoras de chocolate son como las que hace la tienda de galletas de la esquina. Asegúrese de dejar reposar durante al menos 30 minutos antes de transferirlos desde la hojade cookies.

2 cucharadas de harina de linaza

4 cucharadas de agua

1 taza de margarina no láctea

1 taza de azúcar

1 taza de azúcar morena empacada

1 cucharadita de extracto de vainilla

1 cucharadita de bicarbonato de sodio

2 cucharaditas de agua tibia

2 tazas de harina de sorgo

1 taza de harina de arroz integral

1/2 taza de harina de tapioca

1 cucharadita de goma xanthan

1 taza de chips de chocolate semidulce no lácteos

- Precalentar el horno a 375°F.

- En un tazónpequeño, mezcle la comida de linaza con el agua y déjela reposar durante al menos 5 minutos, o hasta que esté espesa. Crema juntos la margarina y los azúcares hasta que quedesuave. Agregue el extracto de vainilla y la comidade linaza preparada. Mezcle el bicarbonato de sodio y el agua y agréguelo a la mezclade margarina cremosa.

- En un tazónseparado, bate el resto de los ingredientes hasta las patatas fritas de chocolate. Revuelva gradualmente las harinas en la mezcla de margarina hasta que se forme una masa torpe. Debe ser masa, pero no pegajoso. Si es demasiado pegajoso, tendrá que añadir más harina de sorgo, alrededor de 1 cucharada a la vez, hasta que se convierta en una masa suave.

- Dé forma a la masa en cucharadas redondeadas y colóquela en una hoja de galletas sin desengrasar a unas 2 pulgadas de distancia. Hornee en el estante central unos 11 minutos, o hasta que se dore ligeramente en los bordes.

- Conservar en recipiente hermético hasta 1 semana.

19. GALLETAS DE RAISIN OATMEAL

RENDIMIENTO: 24 GALLETAS

Adictivamente fácil, estos son siempre una adición bienvenida a una bandejade galletas estándar. Si eres

como si fuera de niño, no dudes en sub en chips de chocolate para las pasas.

2 cucharadas de harina de linaza

1/4 de taza de agua

1 taza de margarina no láctea

1 taza de azúcar morena

1 cucharadita de extracto de vainilla

1 taza de harina de arroz integral

1/2 taza de almidón de patata

1/4 de taza de harina de tapioca

1 cucharadita de goma xanthan

1 cucharadita de polvo de hornear

3 tazas de avena sin gluten certificada

1 taza de pasas

- Precaliente el horno a 350°F. En un bol pequeño, combine la comida de linaza con el agua y deje reposar durante 5 minutos, hasta que se gelifica.

- En un tazón grande, cremar juntos la margarina y el azúcar hasta que quede suave. Agregue el extracto de vainilla y la semilla de lino preparada.

- En un tazónmediano, mezcle la harinade arroz integral, el almidón depatata, la harinadetapioca, la goma xantana y el polvo de hornear. Agregue en la mezclade azúcar cremosa. Doble la avena y las pasas.

- Dé forma a la masa en unas bolas de aproximadamente

11/2 pulgadas y colóquela en una hoja de galletas sin desengrasar a unas 2 pulgadas de distancia. Aplanar ligeramente y hornear en el estante central durante 15 minutos. Deje enfriar completamente antes de servir. Conservar en recipiente hermético durante un tiempo de hasta 1 semana.

20. GALLETAS DE MANTEQUILLA DE MANÍ PRETENCIOSAMENTE PERFECTAS

Para poder llamarse a sí mismo "perfecto" toma un buen poco degusto, pero hombre oh hombre, ¡hacer estas galletas entregar! Masticable, pero crujiente,y horneado hasta gloriosamente dorado, estos también pueden ser almendraperfecta, anacardo,o galletas de mantequilla de girasol si usted tiene una alergia al maní. Simplemente cambie en otra nuez o mantequillade semillas.

1/2 taza de margarina no láctea

3/4 de taza de mantequilla de maní suave

1/2 taza de azúcar

1/2 taza de azúcar morena clara empacada

1 cucharada de harina de semillas de lino

2 cucharadas de agua

3/4 de taza de harina de sorgo

1/4 de taza de harina de tapioca

1/2 taza de almidón de patata

3/4 cucharadita de goma xanthan

3/4 cucharadita de bicarbonato de sodio

- Precalentar el horno a 375°F.

- En un tazóngrande, crema juntos la margarina, mantequillade maní, y azúcares hasta que quede suave. En un tazónpequeño, mezcle la comida de linaza con el agua y déjela reposar durante al menos 5 minutos, o hasta que esté espesa. Añadir en la mezclade mantequilla de maní.

- En un tazónseparado, bate el resto de los ingredientes y luego incorpore gradualmente en la mezcla de mantequilla de maní hasta que todo se haya añadido y se forme una masa torpe. Enrolle la masa en bolas de 1 pulgada y aplane las galletas usando un tenedor, formando un patrón de entrecruzado y presionando hacia abajo suavemente pero firmemente. Coloque 2 pulgadas de distancia en una hoja de galletas sin desengrasar.

* Hornee durante 11 minutos. Retirar del horno, pero dejar permanecer en la hoja de galletas hasta que se enfríepor completo. Conservar en recipiente hermético durante un tiempo de hasta 2 semanas. Estos también se congelan muy bien.

21. SNICKERDOODLES

Algunos especulan que los Snickerdoodles tienen raíces alemanas, mientras que otros creen que el nombre"Snickerdoodle" era sólo otro nombre caprichoso de galleta hecho en la tradiciónde Nueva Inglaterra del siglo XIX. Independientemente de la fuente del nombre, estas cookies son otra de las favoritas de la infancia.

2 cucharadas de harina de linaza

4 cucharadas de agua

1/2 taza de margarina no láctea

1/2 taza de acortamiento no hidrogenado

11/2 tazas de azúcar, más 4 cucharadas para rodar

1 cucharadita de extracto de vainilla

2 cucharaditas de crema de tartar

2 cucharaditas de bicarbonato de sodio

1/2 cucharadita de sal

1 taza de harina de sorgo

1 taza de harina de mijo

3/4 de taza de almidón de patata

1 cucharadita de goma xanthan

1 cucharada de canela, para rodar

- Precalentar el horno a 375°F.

- En un tazónpequeño, mezcle la comida de linaza con el agua y déjela reposar durante al menos 5 minutos, o hasta que esté espesa.

- Cremar juntos la margarina, acortar, y 11/2 tazas de azúcar hasta que quede suave. Mezcle en la comidade linaza preparada, extractode vainilla, crema de sarro, bicarbonato de sodio y sal.

- En un tazónseparado, combine la harinade sorgo, la harinade mijo, el almidón depatata y la goma xanthan. Combine lentamente la mezcla de harina con la mezcla de azúcar y mezcle vigorosamente (o utilice una batidora eléctrica a velocidad media-baja) hasta que se forme una masa rígida.

- En otro tazón pequeño combine las 4 cucharadas de azúcar con la canela.

- Enrolle la masa en bolas de 1 pulgada y luego enrolle cada bola de masa en la mezcla de azúcar canela.

- Coloque 2 pulgadas de distancia en una hoja de galletas sin desengrasar y hornee durante 9 minutos.

- Retirar del horno, espolvorear con un toque más de azúcar, y dejar enfriar en la hoja de galletas   durante unos 5 minutos.

- Transfiera las cookies a un bastidor de alambre y deje enfriar durante al   menos 20 minutos más antes de manipularlas. Conservar en recipiente hermético durante un tiempo de hasta 1 semana.

Estas tiernas galletas con motas de azúcar de canela necesitan mucho espacio al hornear. Asegúrese de colocarlos al   menos 2 pulgadas de distancia en una hoja de cookies o las cookies se fusionarán.

---

22.   TRAIL MIX GALLETAS

RENDIMIENTO: 24 GALLETAS

Estas galletas cuentan con todos mis sabores favoritos de trail mix horneado justo en una galleta deliciosa. Las opciones para mix-ins son infinitas. Pruebe pepitas, arándanos secos, ¡o incluso su mezcla de especias favorita para sacudir las cosas!

1/2 taza de mantequilla de maní suave

1/2 taza de margarina no láctea

11/2 tazas de azúcar turbinado

1 cucharadita de extracto de vainilla

3 cucharadas de harina de linaza

6 cucharadas de agua

1/4 cucharadita de sal

1 taza de harina de sorgo

1/2 taza de harina de arroz integral

1/4 de taza de harina de almendras

1/2 taza de almidón de patata

1/4 de taza de harina de tapioca

1 cucharadita de goma xanthan

1 cucharadita de polvo de hornear

1/2 taza de coco rallado (endulzado)

1 taza de chips de chocolate no lácteos

1/2 taza de almendras en rodajas

1/2 taza de pasas

- Precalentar el horno a 375°F. En un tazóngrande, crema juntos la mantequilla de maní, margarina, azúcar, y extracto de vainilla hasta que quede suave. En un tazónpequeño, mezcle la comida de linaza con el agua y déjela reposar durante al menos 5 minutos, o hasta que esté espesa. Agregue la comidade linaza preparada.

- En un tazónseparado, mezcle la sal, la harina de sorgo, la harinade arroz integral, la harina de almendras, el almidón depatata, la harinade tapioca, la goma xantana y el polvo de hornear. Añadir gradualmente la mezcla de harina en la mezcla de mantequilla de maní y mezclar hasta que se forme una masa.

- Doble el coco, las chispas de chocolate, las almendras ylas pasashasta que se incorporen.

- Pasar por cucharadas redondeadas en una hoja de galletas sin desengrasar a 2 pulgadas de distancia. Aplanar ligeramente con la parte posterior de una cuchara y hornear durante 12 minutos, o hasta que los fondos estén dorados. Deje enfriar completamente en el estante antes de disfrutar. Conservar en recipiente hermético durante un tiempo de hasta 1 semana.

Si utiliza un azúcar que no sea turbinado, es posible que deba agregar de 1 a 2 cucharadas de leche nondairy para obtener una masa adecuada para formar.

23. GALLETAS DE CALABAZA CON CHISPAS DE CHOCOLATE SÚPER SUAVES

Al igual que el nombre indica, estas galletas son súper suaves y chock-lleno de bondadde calabaza. ¡Me encanta hacer esto para fiestas de Halloween, ya que siempre son rápidos para ser engullidos!

1/2 taza de margarina no láctea

11/3 tazas de azúcar

11/4 tazas enlatadas (o frescas, drenadas bien en tela de queso) puré de calabaza

1 cucharadita de extracto de vainilla

1 cucharadita de polvo de hornear

1/2 cucharadita de bicarbonato de sodio

1 cucharadita de sal marina

11/4 tazas de harina de sorgo

3/4 de taza de harina de arroz integral

1/2 taza de almidón de patata

1/4 de taza de harina de tapioca

1 cucharadita de goma xanthan

1 taza de chips de chocolate no lácteos

- Precaliente el horno a 350°F.

- Crema juntos la margarina y el azúcar. Una vez suave, mezcle la calabaza.

- En un tazónseparado, mezcle el resto de los ingredientes excepto los chips de chocolate. Doble lentamente la mezcla de harina en la mezcla de calabaza hasta que se mezcle. Dobla las chispas de chocolate.

41

- Pasa por cucharadas sobre una hoja de galletas sin desengrasar con una distanciade aproximadamente 2 pulgadas. Hornee durante 17 minutos. Retirar del horno y dejar enfriar por completo antes de disfrutar. Conservar en recipiente hermético durante un tiempo de hasta 1 semana.

Si utiliza calabaza fresca con estos, asegúrese de tensar muy bien los parientes de la bomba para que quede muy poco líquido antes de añadir a las galletas.

---

24. GALLETAS GARAM MASALA

RENDIMIENTO: 18 GALLETAS

Si usted piensa garam masala sólo es bueno para platos salados, estas galletas abrirán los ojos! Con notas cálidas de azúcar morena, vainillay la deliciosa mezcla de especias indias, ¿qué no hay que amar?

1 taza de margarina fría no láctea

3/4 de taza de azúcar

3/4 de taza de azúcar morena

1 cucharadita de extracto de vainilla

2 cucharaditas de polvo de hornear

2 cucharaditas de garam masala

1 cucharadita de goma xanthan

2 cucharadas de vinagre de sidra de manzana

1/4 de taza de harina de almendras

1 taza de harina de trigo sarraceno

1/2 taza de harina de arroz blanco dulce

2 cucharadas de cacao en polvo, para desempolvar

• Precaliente el horno a 375°F. Crema juntos la margarina y los azúcares. Añadir el extracto de vainilla, polvo de hornear, garam masala,y goma xanthan. Agregue el vinagre y luego mezcle gradualmente todas las harinas un poco a la vez hasta que estén bien mezcladas.

- Usando una cucharada, saca bolas redondas en una hoja de galletas sin deslizar a unas 3 pulgadas de distancia. Hornee durante unos 10 minutos, o hasta que las galletas se hayan aplanado por completo.

- Mientras estén calientes, espolvoree un toque de cacao en polvo en cada galleta. Conservar en recipiente hermético durante un tiempo de hasta 1 semana.

25. BARRAS DE ARÁNDANOS

RENDIMI ENTO: 16 BARRAS

Estas deliciosas barras son similares a las barras de cereales en caja, sólo más sabroso y sin ningún conservante o productos químicos añadidos! Si el arándano no es tu favorito, no dudes en usar cualquier otro tipo de conservas para infinitas variaciones de sabor.

11/2 tazas de pacanas

11/2 tazas de harina de sorgo, más de lo necesario para rodar y dar forma

1/3 taza de almidón de patata

1 cucharadita de polvo de hornear

1 cucharadita de goma xanthan

3/4 de taza de margarina no láctea

1 taza de azúcar

2 cucharadas de harina de linaza

4 cucharadas de agua

1 taza de conservas de arándanos de altacalidad

- Precaliente el horno a 400°F. Engrasar ligeramente y engrasar la parte inferior y los lados de un 8 × bandeja para hornear de 8 pulgadas.

- Coloque las pacanas en una capa uniforme en una hoja de cookies estándar para que no se superpongan. Tostar pacanas durante unos 10 minutos, o hasta que estén fragantes y sabrosas. Observe cuidadosamente para que no se quemen. Una vez tostado, retirar de la hoja de galletas y reservar hasta que se enfríe. Mezcle las pacanas tostadas en un procesador de alimentos y pulse hasta que se desmenúen. No sobremezclas.

- En un tazónmediano, tamizar juntos harinade sorgo, almidón depatata, polvo de hornear, y goma de mascar xanthan. Agregue las pacanas pulsadas.

- En un tazónde mezclaseparado, crema juntos la margarina y el azúcar hasta que quedesuave.

- En un tazónpequeño, combine la comida de linaza con el agua y deje reposar hasta que esté gelificada, durante unos 5 minutos. Doble la comida de linaza preparada con la mezcla de margarina y mezcle hasta que se combine. Añadir gradualmente la mezcla de harina, sumando hasta 1/3 taza de harina de sorgo adicional hasta que la masa se pueda manipular fácilmente. Forma en dos discos separados y enfríe hasta que se enfríe.

- Una vez que la masa esté bien refrigerada, tome uno de los discos y colóquela entre dos trozos de papel pergamino y enrolle hasta que sea lo suficientemente grande como para cubrir la bandeja para hornear.

- Transfiera la masa para cubrir la parte inferior de la sartén, empujando suavemente hacia abajo los bordes para formar una pared alrededor de la corteza. Extienda las conservas de arándanos uniformemente sobre la capa de corteza.

- Toma el segundo disco de masa y desmenuza en trozos pequeños. Cubra la mermelada liberalmente con desmoronamientos de masa. Enfríe la sartén del congelador mientras precalienta el horno a 350 °F.

- Hornee durante unos 35 minutos o hasta que la corteza se vuelva marrón dorado.

- Dejar enfriar, luego cortar en cuadrados. Almacene las barras en un recipiente hermético en el refrigerador durante un tiempo de hasta 1 semana.

26. MANTECA DE MANÍ ARCE CRUJIENTE GOLOSINAS

Nunca me canso de golosinas crujientes de arroz. Estos cuentan con mantequilla de maní y están ligeramente pintados con chocolate derretido para darles oomph extra ! Pruébalos con mantequilla de avellana de chocolate (Justin's es una gran opción) en lugar de mantequilla de maní. A continuación, simplemente trate de no comer toda la sartén usted mismo.

3 cucharadas de aceite de coco

4 tazas de malvaviscos veganos, como Dandies

1 cucharadita de extracto de arce

2 cucharadas de jarabe de arce

1/2 taza de mantequilla de maní suave

6 tazas de cereal de arroz crujiente sin gluten

1 taza de chips de chocolate no lácteos

* Engrase ligeramente un molde para hornear de 8 × y 8 pulgadas con margarina o aceite de coco.

* En una cacerola grande a fuego medio, derretir las 3 cucharadas de aceite de coco ligeramente para que el fondo de la cacerola esté recubierto. Añadir los malvaviscos y calentar a fuego medio hasta que se derritaen su mayoría, revolviendo a menudo para evitar que se queme. Agregue el extractode arce, el

jarabe de arce y la mantequilla de maní y continúe revuelto hasta que se incorpore por completo.

- Coloque el cereal de arroz crujiente en un tazón grande y vierta la mezcla de malvavisco caliente sobre el crujiente cerealde arroz. Mezcle rápidamente para asegurarse de que todo el cereal está recubierto con mezclade malvavisco. Extienda la mezcla en la sartén preparada y presione hacia abajo firmemente con las manos engrasadas. Deje ajustar hasta que se endurezca,durante aproximadamente 2 horas. Cortar en 2 × cuadrados de 2 pulgadas.

- Derretir el chocolate sobre la caldera doble y rociar el chocolate a todos los lados de las barras y colocar en papel encerado o una alfombra de silicona. Deje que el chocolate se endurezca por completo antes de disfrutar. Conservar en recipiente hermético durante un tiempo de hasta 1 semana.

27.   GALLETAS CRACKER

TOFFEE

Utilizando galletas crujientes, estas barras de galletas tienen un sabor salado y dulce con un crujido similar a un caramelo. ¿Sin galletas? También puede utilizar cookies simples para realizarlas; optar por una galleta crujiente como obleas de vainilla o galletas graham.

4 a 5 onzas (unas 25 galletas) sin gluten, galletas sin huevo, como galletas de mesa de Glutino

1/2 taza de margarina no láctea

1/2 taza de azúcar morena

1 taza de chips de chocolate semidulce no lácteos

1/2 taza de almendras tostadas en rodajas o pacanas

- Precaliente el horno a 400°F. Forre un medio (aproximadamente 9 × 13 pulgadas) hoja de galletas lipped o bandeja para hornear con papel pergamino.

- Organice las galletas en el pergamino, lo mejor que

51

pueda, en una sola capa. Pequeños huecos en el medio están bien.

- En una cacerolade 2cuartos, reúne la margarina y el azúcar morena a fuego medio. Revuelva a menudoy hierva. Una vez que llegue a ebullición, deje cocinar durante 3 minutos, sin agitar. Vierta con cuidado y estratégicamente el jarabe de caramelo caliente sobre las galletas para cubrir. Hornee durante 5 minutos. Retire inmediatamente del horno y espolvoree las virutas de chocolate para cubrir. Deje poner durante unos 4 minutos, y luego extienda el chocolate para cubrir uniformemente los dulces. Espolvorear con las almendras. Deje reposar durante 1 hora en un lugar fresco. Congele brevemente hasta que los caramelos se han endurecido y luego cortado en cuadrados. Conservar en recipiente hermético durante un tiempo de hasta 1 semana.

28. TARTA DE FRESA

RENDIMIEN TO: **10** **PORCIONES**

Pastel de fresa siempre me recuerda al comienzo del verano, justo cuando el clima se calienta lo suficiente como para empezar a antojar postres fríos. Esta es una gran receta para hacer la noche anterior, ya que necesita reafirmarse durante bastante tiempo, además de que es excelente servido muy frío.

1/2 receta Flakey Classic Piecrust

relleno

4 tazas de fresas en rodajas

1 taza de azúcar granulada

4 cucharadas de maicena

1/4 de taza de agua Pellizcar sal

2 o 3 fresas en rodajas para decorar

- Precalentar el horno a 425°F. Engrase ligeramente una sartén de tamaño estándar y polvo con arroz integral o harina de sorgo.

- Prepare la corteza de pastel de acuerdo con las instrucciones de la receta.

- Despliegue la masa entre dos trozos de papel pergamino hasta que esté de aproximadamente 1/4 de pulgada de espesor. Invierta cuidadosamente en una sartén de pastel, moldeándose para caber y hacer un labio en la corteza. Usando un tenedor, asoma unos veinte pequeños agujeros uniformemente sobre la corteza. Hornee durante 20 minutos, o hasta que la corteza esté firme. Deje enfriar completamente antes de llenar.

- Relleno: Coloca 11/2 tazas de fresas más el azúcar en una cacerola de 2 cuartos y machaca suavemente con un machacador de papas. Cocine a fuego medio hasta que el azúcar se disuelva por completo.

- En un tazónmediano, mezcle la maicena y el agua hasta que quede suave y añadir a la mezcla de fresa cocida junto con la sal. Hierva a fuego medio y deje cocinar durante unos 2 minutos. Retirar del fuego y dejar enfriar ligeramente, pero no completamente,durante unos 15 minutos. Coloque las fresas restantes de 21/2 tazas uniformemente en el piecrust. Vierta el relleno cocido en una sartén preparada y deje enfriar en la nevera hasta que esté firme,durante unas 12 horas. Decorar con rodajas de fresa adicionales. Sirva frío. Conservar en recipiente hermético en nevera durante un tiempo de hasta 2 días.

29. PASTEL DE CEREZA

RENDIMIEN TO: 10 PORCIONES

Recomiendo usar Bing o cerezas agrias para este pastel para lograr ese encantador color rojo profundo al que estamos tan acostumbrados con el pastel de cereza. Me encanta especialmente este pastel servido caliente desde el horno à la mode.

1 receta Flakey Classic Piecrust

4 tazas de cerezas frescas, deshuesadas

1/4 de taza de harina de tapioca 1 taza de azúcar

1/4 cucharadita de sal

1 cucharadita de extracto de vainilla

4 cucharaditas de margarina no láctea

- Prepare la corteza circular de acuerdo con las instrucciones de la receta y divida la corteza uniformemente en dos secciones. Refrigere un disco mientras implementa el otro entre dos hojas de papel pergamino, con aproximadamente 1/4 de espesor. Voltée en una sartén deplato profundo y dé forma para adaptarse a la sartén.

- En un tazóngrande, mezcle las cerezas con la harinade tapioca, azúcar, saly extracto de vainilla hasta que estén recubiertas uniformemente. Colóquelo en la cáscara del pastel y esparce uniformemente. Punto con margarina. Despliegue la otra mitad de la corteza entre dos hojas de papel pergamino a 1/4 de pulgada de espesor. Cubre la parte superior del pastel, invirtiendo usando una hoja de pergamino para ayudar, y cubre el pastel con la segunda corteza. Agitar los bordes para sellar y luego cortar unas pequeñas hendiduras en la corteza para ventilar. Hornee durante 45 a 50 minutos, hasta que la corteza de pastel esté dorada. Deje que el pastel se enfríe ligeramente antes de servir. Conservar en recipiente hermético durante un tiempo de hasta 2 días.

Puedes usar cerezas congeladas si las frescas no están en temporada; simplemente descongelarlos y drenar bien antes de usar.

---

30. CUALQUIER PASTEL DE BAYAS

RENDIMIEN TO: 10 **PORCIONES**

Mora, arándano, frambuesa... cualquier tipo de baya se puede utilizar en este pastel y todavía será delicioso. Mi favorito es una corbata sólida entre mora y arándano.

1 receta Flakey Classic Piecrust

1/2 taza de azúcar morena

1/4 de taza de azúcar

3 cucharadas de maicena

1/2 cucharadita de sal

1 cucharadita de extracto de vainilla

4 tazas de moras, arándanoso frambuesas

1 cucharada de margarina no láctea

- Precalentar el horno a 425°F.

- Prepare la corteza de acuerdo con las instrucciones de la receta y despliegue la mitad de la corteza entre dos hojas de pergamino a 1/4 de pulgada de espesor, manteniendo la otra mitad fría. Coloque la mitad de la corteza en una sartén profunda y dé forma para adaptarse a la sartén.

- En un tazónmediano, mezcle la azúcar morena, el azúcar, la maicenay la sal hasta que estén bien mezclados. Agregue el extracto de vainilla y las bayas y revuelva suavemente hasta que las bayas estén cubiertas. Coloque las bayas en el piecrust y a punto uniformemente con margarina.

- Despliegue la otra mitad de la corteza circular entre dos hojas de pergamino hasta aproximadamente 1/4 de pulgada de espesor. ¡Trabaja rápido! Tenga un cortador de pizza a mano y corte 1 × tiras de 9 pulgadas de cortezade pastel. Usa las manos para pelar suavemente la punta de la tira y cubrir la parte superior de los arándanos para formar un patrón de rayado hasta que el pastel esté cubierto a tu gusto. También puede utilizar un cortador de galletas para cortar formas para remata el pastel.

- Hornee durante 40 minutos, o hasta que el piecrust esté dorado y profundo, pero no quemado. Sirva caliente a la mode o temperatura ambiente. Conservar en recipiente hermético durante un tiempo de hasta 2 días.

31. TARTE TATIN

RENDIMIE NTO: 8 **PORCIONE S**

Esta receta es súper simple, pero requiere una sartén que puede, y eficazmente,ir de la parte superior de la estufa al horno, como el hierro fundido. Para un Tarte

Tatin perfecto, elige una variedad de manzanas que mantendrán su forma mientras cocinas, como Granny Smith o Gala.

1/2 receta Flakey Classic Piecrust

1/4 de taza de margarina no láctea

1/2 taza de azúcar morena

5 manzanaspequeñas, peladas, sin núcleoy descuartizadas

- Precalentar el horno a 425°F. Dé forma a la masa de la corteza circular en un disco y enfríe hasta que esté lista para usarse.

- A fuegomedio, en una sartén dehierro fundido de 9 pulgadas, derretir la margarina hasta que esté líquida. Espolvoree sobre el azúcar morena y luego coloque las manzanas directamente sobre el azúcar, arreglando cómodamente y uniformemente para que los lados abovedados estén mirando hacia abajo. Trate de eliminar cualquier exceso de espacios entre las manzanas. Deje que las manzanas se cocinen, completamente inalterables a fuego medio durante 20 minutos.

- Transfiera la sartén caliente al horno y hornee en el estante central durante 20 minutos más.

- Retirar del horno y dejar reposar brevemente.

- Enrolle la corteza del pastel entre dos hojas de papel pergamino, lo suficientemente ancha como para cubrir la sartén dehierro fundido con aproximadamente 1 pulgada de exceso. Voltea el piecrust sobre las manzanas para cubrir, y empuja la masa suavemente hacia abajo para formar una corteza superior rústica. Hornee durante 20 minutos adicionales, y luego retire del horno y deje enfriar durante 10 minutos.

- Voltea el pastel sobre un plato lipped, más o menos del mismo tamaño que la tarta. La masa se invertirá para formar una corteza encantadora. Si alguna manzana se pega a la sartén, retírelas cuidadosamente y colóquelas de nuevo en la tarta.

- Sirva a temperatura cálida o ambiente. Conservar en recipiente hermético durante un tiempo de hasta 2 días.

32. HELADO DE CHOCOLATE CON MENTA

RENDIMIEN TO: 1 CUARTO

El brillante color verde de este postre proviene de la adición de espinacas frescas, que juro por la vida de mi heladería que no probarás. Haz esto aún más saludable sumergiendo puntas de cacao en lugar de las mini papas fritas de chocolate.

2 tazas de espinacas frescas empacadas

2 latas (13.5 onzas) de leche de coco llena degrasa

1/2 taza de azúcar

1/2 taza de azúcar de palma de coco

1 cucharada de agave

2 cucharaditas de extracto de menta

1/2 taza de mini chips de chocolate no lácteos

Coloque todos los ingredientes hasta las virutas de chocolate en una licuadora de alta velocidad y licúe hasta que quede muy suave, raspando los lados según sea necesario. Vierta en el tazón de una heladería y procese de acuerdo con las instrucciones del fabricante, o siga las instrucciones de este libro. Una vez congelado, doble las virutas de chocolate y congele durante al menos 6 horas. Conservar en un recipiente hermético flexible en el congelador durante un tiempo de hasta 3 meses.

33. HELADO DE FRIJOL NEGRO

RENDIMIEN TO: 1 CUARTO

Los frijoles Adzuki funcionan bien aquí, también, aunque pueden ser más difíciles de obtener.

11/2 tazas de frijoles negros cocidos, enjuagados

1 (13.5 onzas) de leche de coco llena degrasa

3/4 de taza de azúcar

1 cucharada de cacao en polvo

Pizca de sal

1/8 cucharadita de goma xanthan

- En una licuadora, puré todos los ingredientes hasta que estén muy suaves. Procese en su heladería de acuerdo con las instrucciones del fabricante, o siga las instrucciones de este libro. Conservar en un recipiente hermético flexible y congelar al menos 6 horas antes de servir. Se mantiene hasta 3 meses congelado.

34. HELADO PUMPKIN PATCH

RENDIMIEN TO: 1 CUARTO

La primera vez que probé helado con sabor a calabaza fue justo después de un heno con mi bestie de la infancia mientras estábamos en la escuela media. Fue un gran recuerdo,con el frío de otoño nítido en la brisa de la noche y el olor de las hojas crujiendo debajo de nuestros pies. Ahora, cada vez que pruebo helado de calabaza, me transportan de vuelta a ese día, felicidad otoñal y todo.

11/2 tazas de azúcar

1 (13.5 onzas) de leche de coco llena degrasa

2 cucharaditas de extracto de vainilla

1 (15 onzas) de puré de calabaza

11/2 cucharaditas de canela

1/8 cucharadita de nuez moscada molida

1/8 cucharadita de clavo de olor

1/2 cucharadita de sal

- A fuegomedio, en una cacerolade2 cuartos, calienta el azúcar y la leche de coco hasta que el azúcar se haya disuelto por completo. Batir en el extractodevainilla, puré de calabaza, especias,y sal. Procese en una heladería de acuerdo con las instrucciones del fabricante, o siga las instrucciones de este libro. Transfiéralo a un recipiente hermético flexible y congele al menos 6 horas antes de servir. Conservar en congelador durante un tiempo de hasta 3 meses.

35. HELADO GRIS EARL DE CHOCOLATE

RENDIMIEN TO: 1 CUARTO

Esta popular combinación de sabores tiene su tiempo para brillar en esta receta. Las notas florales de Earl Grey son sutiles, pero inolvidables.

7 bolsitas de té Earl Grey

3/4 de taza de agua muy caliente

1 taza de chips de chocolate no lácteos

3/4 de taza de azúcar

1 (13.5 onzas) de leche de coco llena degrasa

1 cucharada de cacao en polvo extra oscuro

Sal de guión

1/4 cucharadita de goma xanthan, opcional, para cremosidad

1/2 taza de leche no láctea

- Empinar las bolsas de té en el agua caliente durante al menos 15 minutos. Exprime y retira las bolsas de té y reserva el té.

- Coloque las chispas de chocolate en un tazón grande y seguro para el calor.

- Combine el azúcar, la lechede coco, el cacao en polvo, la saly la goma xanthan, si se utiliza, en una cacerola pequeña a fuego medio. Caliente hasta que esté caliente (no deje hervir)yvierta sobre chispas de chocolate para derretir. Agregue la leche nondairy y prepare el té y revuelva bien para combinar. Enfríe la mezcla en el refrigerador durante 1 hora.

- Colóquelo en una heladería y deje correr hasta que se espese hasta que se espese a una consistenciade helado de servicio suave, o siga las instrucciones de este libro. Transfiéralo inmediatamente a un recipiente hermético flexible y enfríe al menos 6 horas hasta que esté firme. Se mantiene hasta 3 meses congelado.

36. HELADO DE TARTA DE QUESO **BLACKBERRY**

RENDIMIEN TO: 1 CUARTO

Te reto a tomar sólo un bocado de este brebaje cremoso; el sabor es altamente adictivo. El tono púrpura brillante que proviene de las moras lleva este helado sobre la parte superior. Si las moras no están disponibles, no dude en reemplazar con otro tipo de bayas, congeladas o frescas-todaslas bayas van muy bien con helado con sabor a tarta de queso! Puedes usar crema de anacardo dulce en lugar del queso crema no lácteo si lo deseas.

2 tazas de moras

1 taza de queso crema no lácteo

1 taza de leche no láctea

3/4 de taza de azúcar

11/2 cucharaditas de extracto de vainilla

- Coloque todos los ingredientes en una licuadora y licúe hasta que quede suave. Transfiéralo al tazón de una heladería y procesa de acuerdo con las instrucciones del fabricante, o sigue las instrucciones de este libro. Una vez congelado, conservar en un recipiente hermético flexible durante un tiempo de hasta 2 meses.

37. BUTTERSCOTCH PUDDING POPS

**RENDI
MIENT
O: 6
POPS**

Estos paletas de pudín hacen el regalo de clima cálido perfecto con su base de mantequilla salada y textura fresca cremosa. Necesitará moldes de paletas para estos, o puede utilizar bandejas de cubos de hielo de silicona para mini-estallidos, o incluso puede utilizar pequeñas tazas de papel.

1 receta Salsa Butterscotch

1 (13.5 onzas) de leche de coco llena degrasa

2 cucharadas de azúcar de palma de coco

1/8 cucharadita de sal

3 cucharadas de harina de arroz integral superfina

- En una cacerola de 2 cuartos a fuego medio, combine la salsa Butterscotch, la lechede coco, el azúcar de palma de coco y la sal y bata bien hasta que secombinen. Caliente hasta que la mezcla esté caliente y toda la leche de coco y el azúcar se haya disuelto. Batir la harina de arroz integral superfina y seguir cocinando a fuego medio, revolviendo a menudo, hasta que espese, durante4 a 5 minutos.

- Dejar enfriar brevemente y luego verter en moldes de paletas, colocando palos de madera directamente en los centros. Congele durante la noche antes de disfrutar. Se mantiene hasta 1 mes congelado.

Esta receta también hace un delicioso Budín Butterscotch, ¡simplemente no lo congeles! En su lugar, vierta el budín en platos para servir y refrigere hasta que esté listo, durante aproximadamente 3 horas.

38. SÁNDWICHES CLÁSICOS DE HELADO

Esta receta produce una galleta que resiste bien la congelación y se mantiene suave una vez congelada,en una moda clásica de sándwich de helado. ¡El sabor base es el chocolate-emparejar las obleas con su helado favorito!

3/4 de taza de margarina fría no láctea

1 taza de azúcar

1 cucharadita de extracto de vainilla

1 taza de harina de sorgo

3/4 de taza de cacao en polvo

1/2 taza de almidón de patata

1 cucharadita de goma xanthan

1/4 cucharadita de bicarbonato de sodio

2 cucharadas de leche no láctea

4 tazas de tu helado no lácteo favorito

- En un tazóngrande, crema juntos la margarina, azúcar, y extractode vainilla. En un tazón de mezcla separado y más pequeño mezcle la harina de sorgo, el cacao en polvo, el almidón depatata, la goma xantana y el bicarbonato de sodio hasta que estén bien combinados.

- Incorporar gradualmente la mezcla de harina en la mezcla de azúcar hasta que se desmenuza. Una vez desmenuzada, agregue la leche no láctea hasta que se combinepor completo. Si utiliza una batidora eléctrica, simplemente déjela bajar a medida que agregue la leche no láctea. Tu dinero debería ponerse muy rígido en este momento.

- Forma en un tronco rectangular, de aproximadamente 2 × 10 pulgadas, utilizando la ayuda de papel pergamino y un rascador de banco / espátula offset para aplanar y formar los lados. Envuelva libremente con papel pergamino y enfríe en el congelador durante 30 minutos, hasta que esté muy frío.

- Precaliente el horno a 350°F. Una vez que la masa

esté bien refrigerada, corte el tronco por la mitad,haciendo dos ladrillos de tamaño uniforme (aproximadamente 2 × 5 pulgadas cada uno). Voltea cada ladrillo de su lado, y luego corta uniformemente en rectángulos de aproximadamente 2 × 3 pulgadas y aproximadamente
1/8 de pulgada de espesor para emular una galleta de unsándwich de helado comprado en la tienda.

- Mientras corta las galletas, coloque cada losa de masa fina suavemente sobre papel pergamino o una alfombra silpat.

- Hornee en horno precalentado durante 14 a 16 minutos. Retirar del horno y dejar enfriar completamente a temperatura ambiente. Transfiéralo al congelador justo antes de montar y enfriar durante al menos 10 minutos. Mientras tanto, ablande el helado elegido durante unos 10 minutos, o hasta que sea fácilmente disponible.

- Para montar, tomar una galleta, y plop unas cucharadas de su helado favorito en la parte superior. Baja el helado   con otra galleta y coloca una cuchara alrededor del borde para asegurar incluso la distribución de helados.

- Devolver sándwiches al congelador y enfriar hasta que estén firmes. Una vez firmes, envuélvelos cuidadosamente en papel encerado para almacenarlos. Se mantiene hasta 3 meses congelado.

CPSIA information can be obtained
at www.ICGtesting.com
Printed in the USA
BVHW090809120521
607047BV00005B/1295